Mein inneres Wissen

'Mich selbst erkennen und meine Welt verstehen'

Lernbuch für Kinder (Buch I)
von 4 – 8 Jahren

(German language edition of
My Guide Inside Learner Book I)

Christa Campsall

mit

Kathy Marshall Emerson

Übersetzt von
Pallavi K. Schniering

myguideinside.com

CCB Publishing
Britisch-Kolumbien, Kanada

Mein inneres Wissen: Lernbuch für Kinder (Buch I)

Urheberrecht © 2018, 2021 von Christa Campsall – http://www.myguideinside.com
Urheberrecht © 2021 von Pallavi K. Schniering
ISBN-13   978-1-77143-509-3
Erste Ausgabe

Library and Archives Canada Cataloguing in Publication
Title: Mein inneres wissen : lernbuch für kinder (buch I) / von Christa Campsall
mit Kathy Marshall Emerson, übersetzt von Pallavi K. Schniering.
Names: Campsall, Christa, 1954-, author.
Issued in print and electronic formats.
ISBN 9781771435093 (softcover) | ISBN 9781771435109 (PDF)
Additional cataloguing data available from Library and Archives Canada

Mit Einverständnis zur Verwendung der deutschen Übersetzung von Pallavi K. Schniering
Verfasst mit: Kathy Marshall Emerson
Konzeptionelle Entwicklung: Barbara Aust und Kathy Marshall Emerson
Gestaltung: Josephine Aucoin
Produktion: Tom Tucker
Webmaster: Michael Campsall
Archivbilder: Shutterstock

Die Autorin hat extreme Sorgfalt auf die Sicherstellung verwendet, dass alle Informationen in diesem Buch wahrheitsgetreu wiedergegeben wurden und zum Zeitpunkt ihrer Veröffentlichung auf dem neuesten Stand sind. Weder die Autorin noch der Verleger können für etwaige Fehler oder Versäumnisse haftbar gemacht werden. Ebenso wird keine Haftung für jegliche Schäden übernommen, die durch einen Gebrauch der Informationen aus dieser Publikation entstanden sind.

Alle Rechte vorbehalten. Kein Teil des Werkes darf in irgendeiner Form – grafisch, elektronisch oder mechanisch – ohne schriftliche Genehmigung der Autorinnen reproduziert oder unter Verwendung elektronischer Systeme verarbeitet, vervielfältigt oder verbreitet werden; ausgenommen sind Rezensenten, die kurze Passagen zitieren dürfen. Jeder Antrag auf Fotokopie, Aufnahme oder Speicherung in Informationssystemen für irgendeinen Teil dieses Werkes ist schriftlich an die Autorinnen zu richten unter **myguideinside.com**

Warum eine Eule? Im Laufe der Jahre als Klassenlehrerin wurden Christa verschiedene Eulen geschenkt. Sie liebt sie als Symbole für die Weisheit, die wir alle teilen. Schon in der Antike und im Laufe der Geschichte haben verschiedene Kulturen die Eule als mit Weisheit und Führung verbunden gesehen. Die großen, runden Augen der Eule symbolisieren sehendes Wissen. Auch wenn sie manchmal mit anderen Ideen in Verbindung gebracht wird, wurde die Eule wegen dieser Verbindung zu Weisheit, Führung und sehendem Wissen als grafisches Symbol für Mein inneres Wissen (MIW) gewählt. Christa hofft, dass diese Interpretation auch für dich von Bedeutung ist. Eine ihrer ehemaligen Schüler*innen, Jo Aucoin, jetzt Grafikerin, wurde beauftragt, die MIW-Eulen- und Wolkengrafiken zu erstellen.

Verlag: CCB Publishing
           Britisch-Kolumbien, Kanada
           www.ccbpublishing.com

Inhaltsverzeichnis

Hinweis: *Mein inneres Wissen Lernbuch I für Kinder* ist auf dem Leseniveau von Klasse 2 bis 3 geschrieben. Teile dieses Buches wurden auch erfolgreich mit ersten Klassen verwendet. Die Lehrer*innen werden ermutigt, MiW als Ressource zu verwenden und nach Bedarf anzupassen oder zu verändern. Einige Seiten sind auf englisch auf der MGI-Website (**myguideinside.com**) für die optionale Großbildprojektion im Klassenzimmer enthalten.

Kinder berichten, was sie gelernt haben

✠ "Die Weisheit flüstert mir zu …"

✠ "Das Beste, was ich von meinem inneren Wissen lernte, löste alle meine Probleme. Und mein Problem war, dass ich mir zu viele Sorgen machte …"

✠ "Ich lernte, auf meine kleine innere Stimme zu hören."

✠ "Ich habe gelernt, dass jeder inneres Wissen hat. Wenn man es benutzt, wird man die richtige Entscheidung treffen …"

✠ "Ich habe gelernt, mich nicht in Konflikte zu verwickeln."

✠ "Ein guter Freund zu sein, auch wenn wir nicht einer Meinung sind."

✠ "Das Beste, was ich gelernt habe, war, gelassen und neugierig zu bleiben, anstatt schnell und wild."

✠ "Das Beste, was ich gelernt habe, war, schlechte [Gedanken] loszuwerden. Ich habe sie losgelassen."

✠ "Dass die Sonne hinter dieser dunklen Wolke immer scheint."

✠ "Ich kann mich selbst kontrollieren und lasse mich weniger ablenken."

✠ "Ich vertraue auf das, was ich denke, und fühle mich gut dabei. Ich fühle mich mutiger. Man muss vertrauen und mutig sein."

✠ "Das Beste, was ich gelernt habe, ist, dass es natürlich ist, sich gutzufühlen."

1. Mein inneres Wissen entdecken

"Wer will das Nest verlassen? Von unserem Baum fliegen?", fragte Mama Eule.

"Ich nicht!"

"Ich nicht! Ich nicht!"

"Eines Tages werdet ihr so weit sein, eines Tages werdet ihr fliegen."

"Wann?", quietschte Hooty, während Peep lautstark erklärte: "Nicht jetzt!"

"Ihr werdet wissen, wann, und ihr werdet wissen, wie! Hört einfach in euch hinein."

Kapitel 1

Mein inneres Wissen entdecken

Komm mit!

Lass' uns etwas Neues lernen:

Du hast Wissen in dir.
Es ist Weisheit und gesunder
Menschenverstand.

Jeder hat dieses Wissen in sich.
Schau' einfach nach dem Gefühl.

Du kannst deinem Wissen vertrauen.
Es weist dich in die richtige Richtung.

Lerne dich selbst und deine Welt kennen. Es macht Spaß, dein inneres Wissen zu entdecken! Dieses Wissen ist immer bei dir. Du wurdest mit dieser Gabe der Weisheit geboren.

Löse ein Rätsel
Was ist es?
Es ist nicht in der Vergangenheit.
Es ist nicht in der Zukunft.
Es ist immer da.
Du kannst es nicht anfassen, sehen, oder es in eine Box stecken.
Du erkennst es an dem guten Gefühl.
Wir haben es alle.
Was ist es?

Dein wertvolles Wissen

Du hast Wissen in dir. Es ist Weisheit und gesunder Menschenverstand. Dein Wissen ist voller Einsichten. Einsichten sind hilfreiche neue Ideen. Alles, was du tun musst, ist, sie wahrzunehmen.

Was passiert, wenn du das tust?

Während wir in unserer Welt leben, 24 Stunden am Tag, 7 Tage in der Woche, 365 Tage im Jahr, (24/7/365), ist Weisheit immer vorhanden!

Jeder hat dieses Wissen in sich. Schau einfach nach dem Gefühl. Wenn du ruhig bist, bemerkst du ein gutes Gefühl. Dann ist es einfach, auf deine Weisheit zu hören.

Du kannst deinem Wissen vertrauen. Es zeigt dir den richtigen Weg. Du wirst wissen, was zu tun ist.

Denk an eine Zeit

Hast du, als du klein warst, immer etwas Besonderes bei dir gehabt? Hast du es zum Schlafen mitgenommen?

Lukas nahm immer Buffy – ein Büffel–Stofftier – mit.

Manchmal war der kleine Büffel verschwunden. Lukas weinte und schrie, bis er gefunden wurde.

Eines Tages fuhren Lukas' Eltern mit ihm in den Park. Er war so glücklich, all die Kinder zu sehen. Lukas rannte los, um zu spielen. Er vergaß Buffy im Auto.

Lukas liebte es, mit den Kindern zu spielen. Er dachte überhaupt nicht an Buffy! Danach hatte Lukas Buffy nicht mehr immer bei sich. Er wusste, dass es okay war, Buffy zu verlassen, wenn er zur Schule ging.

Lukas behielt Buffy immer in seinem Zimmer zu Hause. Manchmal nahm er Buffy noch mit ins Bett. Lukas begann sich sicher zu fühlen, egal wo Buffy war.

Ist dir so etwas schon einmal passiert? Oder kennst du einen Jungen oder ein Mädchen, das wie Lukas ist?

Dein inneres Wissen hilft dir beim Wachsen.

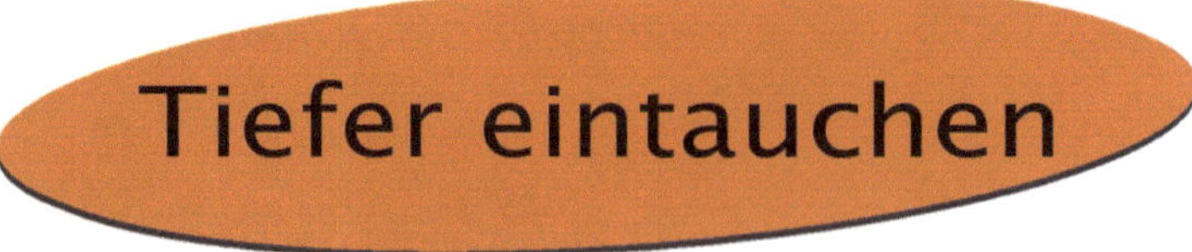

Mach mit

Was ist dein inneres Wissen?
Welches ist dein bester Name dafür?
Wie hilft dir dein inneres Wissen?

Verbinde, was du weißt

„Suche einfach nach dem Gefühl. Wenn du ruhig bist, bemerkst du ein gutes Gefühl. Dann ist es einfach, auf deine Weisheit zu hören."

Denke an eine Zeit, in der du ruhig warst und ein gutes Gefühl bemerkt hast.

Staune

Sei neugierig! Erforsche diese hilfreichen Punkte:
Du hast Wissen in dir. Es ist Weisheit und gesunder Menschenverstand. Jeder hat diesen Leitfaden in sich. Suche einfach nach dem Gefühl. Du kannst deinem inneren Wissen vertrauen. Es zeigt dir den richtigen Weg.

Erstelle dein Tagebuch

Mache ein Tagebuch für deine Leseantworten. Zeichne ein Bild von dir selbst auf das Cover.

Zeige, dass du verstehst

Denke an eine Zeit, in der du glücklich warst. Hast du etwas getan, das du mochtest? Warst du aktiv oder ruhig? Schreibe oder zeichne über diese glückliche Zeit in dein Tagebuch. Bilde Sätze, zeichne eine Tabelle oder verwende deine eigene Idee.

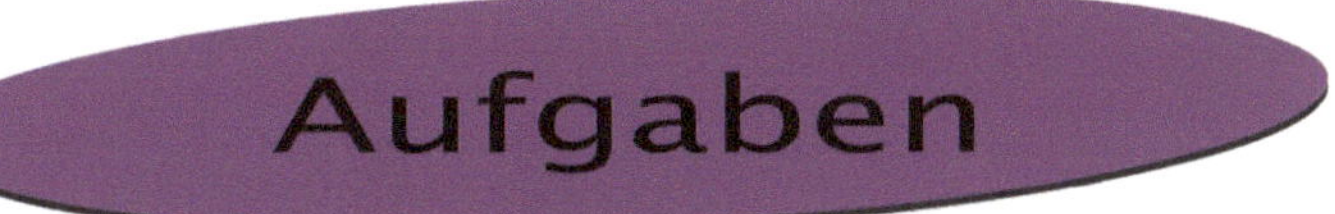

Erschaffe große, helle und schöne Kunst

Wie stellst du dir dein Wissen im Inneren vor?

Zeichne ein Bild. Verwende deine eigene Lieblings-Idee. Überschreibe es:
„Mein inneres Wissen ist wie..."
Zeig anderen deine Kunst, um all die verschiedenen Ideen der Gruppe zu sehen.

Spiele und habe Spaß: Hör zu, um im Spiel zu bleiben
Um im Spiel zu bleiben, führe nur Aktionen aus, wenn du "Simon sagt" hörst. Beispiele sind: sich wie ein Welpe benehmen, wie eine Schere schneiden, einen fröhlichen Tanz aufführen, mit den Füßen zeichnen, wie ein Pferd galoppieren, sich selbst umarmen, Luftgitarre spielen und auf einem Bein stehen wie ein Reiher.

Wie hat dir dein inneres Wissen geholfen, im Spiel zu bleiben?

Tolle Wörter

Dies sind sehr gute Wörter, die man kennen und benutzen sollte.

anwesend – bei dir sein, aufmerksam sein

bemerken – sehen, mitbekommen

besorgt – aufgebracht, verängstigt, beunruhigt Einsicht – hilfreiche neue Idee

Gedanken – meine Kraft, zu denken, Ideen zu erschaffen

Gefühle – Gedanken in Aktion, passieren in dir

gelassen – friedlich, ruhig, entspannt

gesunder Menschenverstand – deine Kraft, weise, gute Entscheidungen
　　　zu treffen

glücklich – sich froh fühlen

kostbar – wertvoll, sehr wichtig

mein inneres Wissen – meine Weisheit, gesunder Menschenverstand, Einsicht

neugierig – interessiert

schaffen – machen

sicher – gutfühlen, wohlfühlen

toll – sehr gut, ausgezeichnet

verstehen – Wissen

Weisheit – Einsicht, wissen, was zu tun ist

Wissen – sicher sein, gewiss sein

zuhören – tief zuhören, wie "mit dem Herzen hören"

2. Meine Gefühle kommen vom Denken

Frei von unerwünschtem Unkraut, wachsen schöne Blumen.
Wenn ich unerwünschte Gedanken beseitige, wachsen meine guten Gefühle.
Ich kann meine eigenen guten Gefühle jeden Tag wahrnehmen!

Kapitel 2

Meine Gefühle kommen vom Denken

Komm mit!

In Kapitel 1 hast du dein inneres Wissen entdeckt. In Kapitel 2 lernst du, dass deine Gefühle von deinen Gedanken erzeugt werden.

> **Lass' uns etwas Neues lernen:**
>
> Meine Gedanken erschaffen
> meine Gefühle.
>
> All meine Gefühle kommen vom Denken.
>
> Ich lasse unerwünschte Gedanken
> vorbeiziehen und Wohlbefinden ist in mir.

Lena und Bens Geschichte

Lena und Ben teilen eine Menge! Sie haben genau das gleiche Zimmer, Haus, Familie und Haustiere. Sie sind in der Schule im selben Klassenzimmer. Sie teilen sogar den gleichen Geburtstag.
Haben Lena und Ben jemals genau den gleichen Tag?

Lenas Tag

Lena fühlt sich aufgeregt und besorgt. In der Schule ist sie an der Reihe, ihre Hausaufgabe "zu zeigen und zu erklären". Frau Schulze fordert Lena auf, zu erklären. Sie bewegt sich nicht. Sie schaut nur nach unten. Sie fühlt sich verängstigt.

Lena ist immer noch aufgeregt, als sie nach Hause kommt. Ihr Kätzchen, Mintzi, kaut auf einem Spielzeug. Lena reißt das Kätzchen am Schwanz. Mintzi faucht und rennt unter das Bett.

Nach dem Abendbrot räumen Oma und Mama auf. Mama stellt ein kleines Rätsel. "Stell dir vor, du willst aus einem Zimmer, das keine Tür und kein Fenster hat. Was würdest du tun?"

Lenas Augen leuchten auf. Sie kichert und sagt: "Aufhören, mir das vorzustellen!"

Bens Tag

Ben geht nach der Schule mit Oma in den Laden. Er bettelt um eine Süßigkeit, aber Oma sagt: "Nein!" Ben ist wütend und bricht aus wie ein Vulkan. Auf dem Heimweg versteckt sich Ben hinter Oma und will ihre Freundin nicht begrüßen.

Nach dem Abendessen ist Ben damit beschäftigt, in sein Buch zu schreiben. Ben schaut auf und sieht seinen kleinen Bruder hinfallen. Ben hebt ihn vorsichtig auf. Er nimmt das Baby in den Arm.

Ein kleines Geheimnis

Schon bald ruft Oma: "Ben! Lena! Es ist Zeit fürs Bett." Die Zwillinge gehen in ihre Betten. Oma sagt: "Erzählt mir von eurem Tag."

"Oh, Oma, Lena war ganz schön aufgeregt. Nach dem Abendbrot hat Mama ihr dieses lustige Rätsel gestellt. Lena wurde einfach wieder albern und fröhlich", sagt Ben.

Lena springt ein: "Ich weiß, dass Ben sich geärgert hat, weil er keine Süßigkeit bekommen hat. Ich habe gesehen, dass er heute Abend lieb zu dem Baby war."

Oma kichert. "Wie ich sehe, seid ihr beide klug. Ich werde euch in ein kleines Geheimnis einweihen. Mein Gedanke erzeugt mein Gefühl. Alle meine Gefühle kommen von Gedanken. Alle eure Gefühle kommen von euren eigenen Gedanken."

Mein Gedanke erzeugt mein Gefühl.

„Na und?", fragt Ben.

"Also was?", sagt Lena mit einem verwirrten Blick.

"Du kannst also eine stürmische Zeit haben oder eine sonnige, ruhige Zeit. Lass unerwünschte Gedanken vorbeiziehen, und dein Wohlgefühl ist präsent", erklärt Oma.

"Ich habe mich heute sehr wollig gefühlt!", sagt Lena stolz.

Oma lacht.

"Ich habe Wohlgefühl gesagt. Das bedeutet, sich gutzufühlen." "Oh! Wohlfühlen!" Lena wiederholt es, während Ben kichert.

"Was war der beste Teil deines Tages?" fragt Oma.

Lena sagt, dass sie das Rätsel toll fand. Ben sagt, dass es das Umarmen seines kleinen Bruders war. Er fragt: "Oma, können wir uns jetzt umarmen?"

Großmutter nimmt sie fest in den Arm.

Sie sagt leise: "Ihr müsst euch keine Sorgen machen. Wisst, dass ihr glücklich sein könnt. Wisst, dass ich euch liebe, egal was passiert!"

Wisse, dass du glücklich sein kannst.

Ein einfaches Geheimnis

Am nächsten Abend fragt Oma Ben und Lena wieder nach ihrem Tag. Sie finden beide, dass der Tag besser war.

Oma lächelt.

"Hier ist ein einfaches Geheimnis: Höre auf dein inneres Wissen. Diese kleine Stimme der Weisheit hilft dir, unerwünschte Gedanken loszulassen. Was hast du heute bemerkt?"

"Nun, ich muss nicht wie ein Vulkan ausbrechen, wenn ich nicht bekomme, was ich will", gibt Ben zu.

"Und ich muss nicht wie ein Angsthase denken", fügt Lena hinzu.

"Wie fühlst du dich, wenn du unerwünschte Gedanken einfach vorbeiziehen lässt?", fragt Oma.

"Ich fühle mich mutiger. Vielleicht werde ich morgen in der Klasse reden", sagt Lena langsam.

"Ich fühle mich glücklich!", sagt Ben.

"Jetzt wisst ihr es! Lasst einen unerwünschten Gedanken vorbeiziehen und das Wohlsein ist da. Das gilt auch für mich!", sagt Oma zu ihnen.

"Ich wünsche euch beiden süße Träume. Wir sehen uns morgen wieder!"

Ben und Lena flüstern: "Wir sehen uns morgen wieder!"

Tiefer eintauchen

Mach mit

Haben Ben und Lena genau die gleichen Gedanken?

Wie hat sich Lena gefühlt, als sie an der Reihe war, zu zeigen
und zu erklären?
Wie hat sie sich gefühlt, als sie das Rätsel gelöst hat?
Was hat sich verändert?

Wie hat sich Ben gefühlt, als er keine Süßigkeit bekommen hat?
Wie hat er sich gefühlt, als er seinem kleinen Bruder geholfen hat?
Was hat sich verändert?

Was hast du aus dieser Geschichte gelernt?

Verbinde, was du weißt

"Alle deine Gefühle kommen von deinen eigenen Gedanken. Du kannst also
eine stürmische Zeit haben oder eine sonnige, ruhige Zeit. Lass'
unerwünschte Gedanken vorbeiziehen, und dein Wohlbefinden ist präsent."

Denke an eine Zeit, in der du dein Wohlbefinden wahrgenommen hast und
eine ruhige, sonnige Zeit hattest. Was hast du gedacht? Welches Gefühl hast
du wahrgenommen?

Staune

Sei neugierig! Erforsche diese hilfreichen Punkte:
Mein Gedanke erschafft mein Gefühl. Alle meine Gefühle kommen von
Gedanken. Ich lasse unerwünschte Gedanken vorbeiziehen, und
Wohlbefinden ist da.

Zeige, dass du verstehst

Ben und Lena haben etwas über Wohlbefinden gelernt. Wie kann dir das
helfen? Schreibe oder zeichne in dein Tagebuch. Du kannst Sätze machen,
eine Gedankenlandkarte, oder deine eigene Idee verwenden.

Aufgaben

Erschaffe große, helle und schöne Kunst
Zeichne den Tag von Ben. Falte dein Papier in der Hälfte. Auf der einen Hälfte zeige Ben, wie er wie ein Vulkan ausbricht. Auf der anderen Hälfte zeige Ben, wie er seinem kleinen Bruder hilft.
Was hat sich verändert? Alles!

Oder
Zeichne den Tag von Lena. Falte dein Papier in der Hälfte. Zeige auf der einen Hälfte, wie Lena sich wie ein Angsthase verhält. Auf der anderen Hälfte zeige Lena, die über ein Rätsel lacht.
Was hat sich verändert? Alles!

Oder
Zeichne deinen Tag. Falte dein Papier in der Hälfte. Zeige auf der einen Hälfte, wie du einen stürmischen Tag erlebst. Auf der anderen Hälfte zeigst du dich an einem sonnigen, ruhigen Tag.
Was hat sich verändert? Alles!

Spiele und habe Spaß: Halte an!
Wir können füreinander sorgen. Wir können um Hilfe bitten oder wir können Hilfe geben.

Versuche dieses Halte an!-Theaterspiel. Bilde zwei Gruppen. Wenn du in Gruppe 1 bist, brauchst du Hilfe. Wenn du in Gruppe 2 bist, gibst du Hilfe. Halte die Handlung an, um zu sehen, was jede Person denkt und fühlt.

Gruppe 1 spielt, dass sie sich in einer sehr heißen Wüste verlaufen hat und Hilfe braucht. Halte an! Du bist in der Wüste verloren. Was denkst und fühlst du?

Gruppe 2 spielt das Finden und Helfen der verlorenen Person. Halte an! Du hilfst der Person. Was denkst und fühlst du?

Gruppe 1 bekommt Hilfe. Halte an! Du bekommst Hilfe. Was denkst und fühlst du?

Beachte, dass die Gefühle eines jeden Menschen von den Gedanken kommen!

Tolle Wörter

Dies sind sehr gute Wörter, die man kennen und benutzen sollte.

Angsthase – eine Person, die ängstlich, schüchtern, zurückhaltend ist
aufgeregt – besorgt, beunruhigt, unsicher
genau – total, richtig, das Gleiche
gut drauf sein – sich gut fühlen, gute Laune haben
hilfreich – nützlich
Liebe – jemanden sehr gern haben, egal was passiert
Sorge – beunruhigt sein, sich ängstlich fühlen
Vorstellung – etwas in deinem Denken sehen
weise – voller Einsichten
Wohlbefinden – okay sein, gesund sein, sich wohl fühlen

3. Das Glück in mir

Wenn Wolken die Sonne verdecken, weiß ich,
dass die Sonne trotzdem noch am Himmel steht.
Während die Wolken vorbeiziehen, weiß ich,
dass ich die Sonne wieder sehen werde.
Auch meine wolkigen Gedanken ziehen vorbei.
Wenn das passiert, fühle ich mich glücklich.
Es ist einfach zu sehen. Das Glück ist in mir!

Kapitel 3

Das Glück in mir

Komm mit!

In Kapitel 2 hast du gelernt, dass deine Gefühle durch deine Gedanken erzeugt werden. In Kapitel 3 sei bereit, das Glück in dir zu entdecken.

Lass' uns etwas Neues lernen:

Ich höre auf mein inneres Wissen.

Hilfreiche Gedanken tauchen auf.

Mein gutes Gefühl ist wieder da.

Emmas Geschichte

Emma war sehr glücklich, als sie noch ganz klein war. Ihre großen Schwestern liebten es, mit ihr zu spielen. Als sie älter war, spielten sie nicht mehr viel mit ihr. Ihre Schwestern sagten ihr nur, was sie tun sollte. Emma wurde wütend, wenn sie unfreundlich zu ihr waren. Sie fragte immer warum und wie. Keiner antwortete ihr. Sie war einfach das kleine Kind.

Emma war die Kleinste zu Hause. In ihrer Klasse war sie die Größte. Emma fing an, gemein zu sein. Bald wollte niemand mehr mit ihr in einer Gruppe sein. Emma war aufgebracht. Tief im Inneren wollte sie wirklich freundlich sein. Meistens fühlte sie sich wütend und traurig.

Tief im Inneren wollte sie wirklich freundlich sein.

Die Klasse begann, zusammen mit älteren Kindern einer weiterführenden Schule an einem Projekt zu arbeiten. Sie planten, eine Stadt aus Kisten, Schnur, Farbe und vielen lustigen Dingen zu bauen.

Emma bekam einen fröhlichen, fürsorglichen Partner namens Jonas zugeteilt. Er konnte sehen, dass Emma überhaupt nicht freundlich war. Jonas lauschte auf sein inneres Wissen. Ein hilfreicher Gedanke tauchte auf. "Vielleicht weiß Emma es einfach nicht besser."

Jonas war nett zu Emma. Er teilte Ideen mit ihr. Je netter er war, desto gemeiner wurde Emma. Sie schnauzte Jonas an. Sie sagte sogar, seine Ideen seien dumm.

In der ersten Stunde haben Jonas und Emma kaum mit dem Projekt angefangen. Die Pausenglocke läutete. Emma lief schnell nach draußen. Sie setzte sich auf die Bank unter der alten Eiche. Sie schaute hinauf zu den flauschigen Wolken, die vorbeizogen. Sie fühlte sich warm, als die Sonne wieder herauskam.

Nach der Pause war es wieder Zeit für das Projekt. "Was hast du in der Pause gemacht?", fragte Jonas.

"Ich habe mich einfach unter einen großen alten Baum gesetzt", sagte Emma.

Jonas lächelte. "Was für eine tolle Idee! Die Natur ist jedermanns Freund!"

Die Natur ist jedermanns Freund!

Emma machte ein Gesicht, aber Jonas blieb freundlich. Er sah sie an und sagte: "Ich muss dir etwas sagen. Es ist sehr hilfreich. Willst du zuhören?" Emma nickte langsam mit dem Kopf.

"Als du draußen warst, hast du vielleicht bemerkt, wie die Wolken vorbeizogen. Du hast wieder den warmen Sonnenschein gespürt. Das Gleiche gilt für dich und mich. Lass' Gedanken, die nicht hilfreich sind vorbeiziehen wie die Wolken. Dein gutes Gefühl kehrt zurück. Kannst du dir vorstellen, jemals glücklich zu sein?"

Emma war still. Sie schaute auf ihre Hände und sagte: "Meine Schwestern haben mit mir gespielt, als ich klein war. Da war ich glücklich."

"Also weißt du doch, wie sich Glück anfühlt. Das ist toll. Die gute Nachricht ist, dass du jetzt glücklich sein kannst!"

Emma rümpfte die Nase. "Wie?"

Jonas sah ihr in die Augen. "Ich weiß, dass du dich glücklich fühlen kannst. Das Glück ist in jedem Menschen. Das Glück ist in dir."

"In mir?", fragte Emma.

Jonas lächelte. "Das ist richtig. Deine Gedanken verdecken es nur manchmal. Lass die unglücklichen Gedanken vorbeiziehen. Ein hilfreicher Gedanke taucht auf. Dein glückliches Gefühl kehrt zurück!"

Jonas erzählte Emma, dass er ein Buch über ein Mädchen namens Lisa gelesen hat. "Lisas Mutter hat ihr beigebracht, dass glückliche Gedanken glückliche Tage bringen, und traurige Gedanken bringen traurige Tage. Ich denke, das ist gesunder Menschenverstand! Denkst du das auch?"

Emma nickte. Sie fühlte sich entspannt und glücklich. Nun war sie neugierig auf das Projekt.

Bald tauschten sie und Jonas viele Ideen aus, wie sie ihren Teil der Stadt gestalten könnten. Emma erzählte Jonas, dass sie gern einen Aussichtspunkt auf der Spitze eines Hochhauses hätte.

Jonas lächelte. Er sagte, sie könnten ein Hochhaus bauen. Sie könnten auch einen funktionierenden Außenaufzug bauen. Emma mochte diese Idee! Sie fragte sich, wie sie das machen könnten.

Sie hatten einen guten Start für ihr Gebäude, bevor es Zeit war, aufzuhören. Jonas sagte: "Schlag ein! Lass' uns jetzt zur Gruppe gehen und unsere Ideen teilen!"

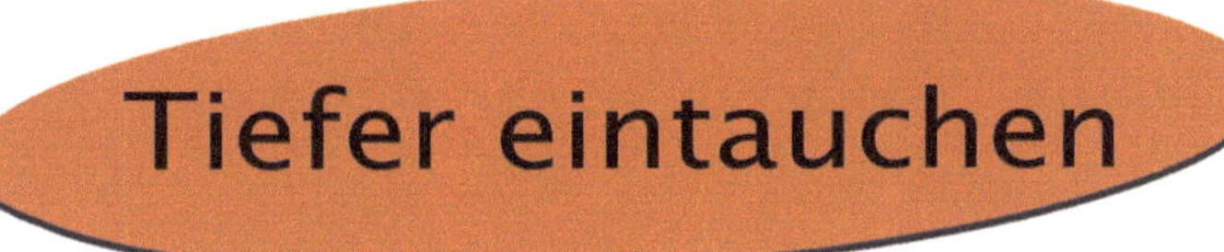

Mach mit!

Was war die größte Veränderung für Emma? Wie wird Emma nun ihre Klassenkameraden behandeln?

Was, hofft Jonas, wirst du von Emmas Geschichte lernen?

Verbinde, was du weißt

"Ich weiß, du kannst glücklich sein. Glück ist in jedem Menschen. Glück ist in dir."

Was ist Glück in deinen eigenen Worten?
Wie bemerkst du es? Wie fühlt sich Glück an?

Staune

Sei neugierig! Erforsche diese hilfreichen Punkte:
Ich höre auf mein inneres Wissen. Hilfreiche Gedanken tauchen auf.
Mein gutes Gefühl ist wieder anwesend.

Zeige, dass du verstehst

Überlege dir, was du jemandem darüber erzählen würdest, freundlich zu sein und eine Freundschaft zu beginnen. Schreibe oder zeichne in dein Tagebuch. Du kannst Sätze machen, eine Liste oder deine eigene Idee verwenden.

Erschaffe große, helle und schöne Kunst

Gestaltet zu zweit. Zeigt, wie trübe Gedanken, wie Traurigkeit, das Glück "verdecken".

Bastel eine Pappteller-Maske, die wie die Sonne aussieht. Schneide die Mitte aus, sodass dein Gesicht zu sehen ist. Füge dreieckige Sonnenstrahlen aus Papier um den Rand des Tellers herum hinzu. Befestige einen Griff mit Bastelkleber. Halte die Maske über dein Gesicht. Lasse dein eigenes Gesicht sonnig aussehen.

Schneide dann eine Wolkenform aus farbigem Papier aus. Schreibe ein oder mehrere Wörter auf die Wolke, um wolkige Gedanken zu benennen. Befestige einen Griff mit Bastelkleber.

Wechselt euch ab und seid die Sonne und die Wolke. Bewege die Wolke vor die Sonne, um zu zeigen, wie wolkige Gedanken die Sonne verdecken. Wenn du die "Wolke" bist, kannst du auch der Wind sein und die Wolken wegpusten. Die "Sonne" kann sonnige Gefühle ausrufen, wenn eine Wolke vorbeizieht.

Spiele und habe Spaß: Glückliches Herz

Beginne mit einem Kind in deiner Gruppe, das auf dem Rücken liegt. Jedes Kind liegt mit dem Kopf auf dem Bauch der letzten Person. Beginne damit, dass eine Person "Ha!" sagt, die nächste Person sagt "Ha! Ha!" und so weiter. So entsteht ein Gruppenbauchlachen!

Hast du eine Veränderung in deinem Denken oder Fühlen bemerkt? Was ist mit der ganzen Gruppe passiert?

Dies sind sehr gute Wörter, die man kennen und benutzen sollte.

auftauchen – erscheinen, wie in "eine Einsicht haben"
entspannen – sich ruhig fühlen
freundlich – nett, sympathisch
Freundschaft – eine Verbindung zwischen Freunden
Glück – glücklich sein, freudig, zufrieden
natürlich – ohne Hilfe, echt, wie in "du selbst sein"
nett – fürsorglich, hilfreich
nicht hilfreich – nicht nützlich
schnippisch – mit Wut sprechen
Sinn machen – eine Bedeutung finden, etwas herausfinden
unfreundlich – gemein, verletzend

4. Schnell und wild oder gelassen und neugierig

Lass' in deiner Phantasie einen schweren Sandsack von einem segelnden Heißluftballon fallen. Wenn sich sein Gewicht verringert, fliegt der Ballon ganz natürlich in die Höhe. Wenn ich meine schweren Gedanken fallen lasse, ist es natürlich, dass sich meine Gefühle anheben. Ich fühle mich leichter. Ich bin gelassen und neugierig. Ein leichtes Herz ist in mir!

Kapitel 4

Schnell und wild oder gelassen und neugierig

Komm mit!

In Kapitel 3 hast du gelernt, dass das Glück in dir ist. In Kapitel 4 lernst du, dass du wählen kannst, ob du schnell und wild oder gelassen und neugierig sein willst.

Lass' uns etwas Neues lernen:

Ich kann sehen, dass ich
schnell und wild denke.

Ich kann mich entscheiden,
es gehen zu lassen.

Ich kann gelassen und neugierig sein.

Alinas Geschichte

Heute ist das jährliche Kindertag-Festival. Es ist immer sehr lustig. Alina ist zu Hause und schaut aus dem Fenster. Sie springt auf und schreit: "Mama ist zu Hause!" Mama kommt mit einer großen Tüte mit Essen von der Arbeit nach Hause.

"Mama! Mama!", ruft Alina. Sie springt auf und ab und zerrt am Arm ihrer Mutter. Die Tomaten kullern auf den Boden. "Ups!" Alina sammelt die Tomaten auf und lässt sie auf den Tisch fallen.

Alina schnappt sich die Vorderpfoten des Hundes. Sie tanzt mit dem Hund im Kreis. Alina ist schon ganz außer Atem.

"Wann können wir auf das Fest gehen? Werden sie einen Autoscooter haben? Können wir bis zum Ende bleiben? Wird es Zuckerwatte geben?

Kann ich an der Heißluftballonfahrt teilnehmen? Müssen wir das Baby wirklich mitnehmen? Glaubst du, ich werde meine Freunde sehen? Darf ich mit ihnen herumlaufen? Wirst du mich lassen? Wirst du? Wirst du?" Alina sagt alles, was ihr in den Kopf kommt.

Alina wirbelt immer noch wild mit dem Hund herum.

"Alina, Alina, bitte! Du redest so schnell, dass ich dir nicht einmal antworten kann. Sieh dir den erschöpften Hund an. Sieh dir deinen kleinen Bruder an. Er hat Angst, du könntest auf ihn treten!"

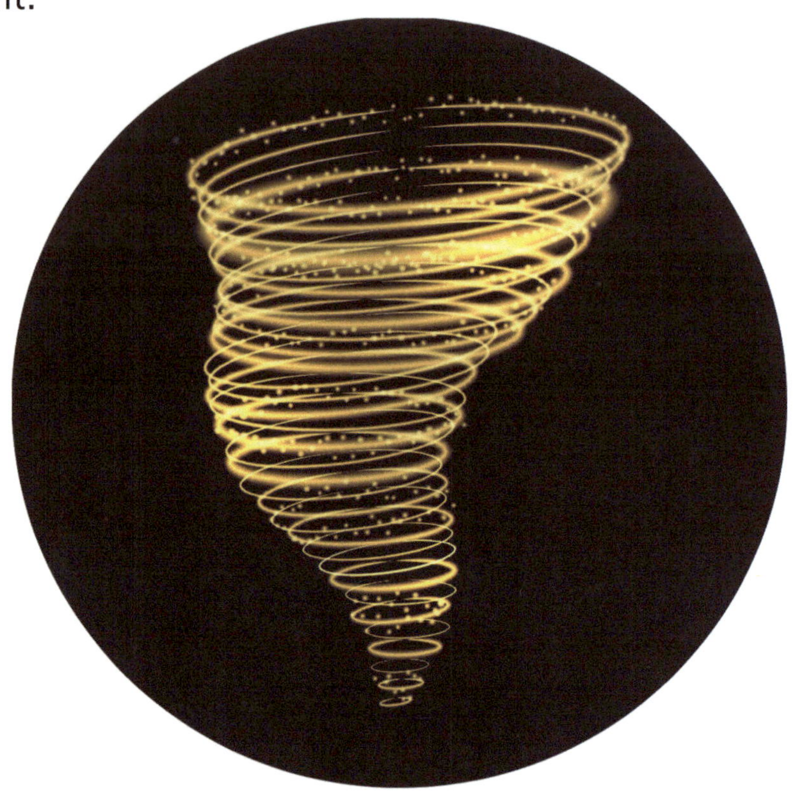

Mama legt ihre Hände auf Alinas Schultern. "Hör mir zu, Alina. Du hast einen Tornado im Kopf. Das passiert uns allen. Ich werde nicht mit dir auf das Fest gehen, wenn du so bist."

Mama schaut Alina in die Augen: "Du kannst merken, wenn du schnell und wild denkst. Du kannst dich entscheiden, es loszulassen. Du kannst gelassen und neugierig sein. Alle Antworten werden kommen.

Wir werden eine tolle Zeit haben. Es ist vernünftig, deine Energie zu nutzen, um zu helfen. Du kannst uns helfen, fertig zu werden, um zu gehen."

Alina sieht, dass Mama nicht böse ist. Alina weiß, dass Mama recht hat. Sie lässt den Hund los und bleibt einfach stehen. "Ich muss zu dem Fest gehen! Lasst uns fertig werden. Wie kann ich helfen?"

Alina hilft Mama, das Essen wegzuräumen. Dann hilft sie, eine Tasche für den Tag zu packen. Jetzt sind sie bereit zu gehen. Sie hüpfen in den Bus zum Festival.

Alina sagt ganz entspannt: "Mama, ich glaube, ich habe wie ein Tornado gedacht. Jetzt bin ich einfach so glücklich, dass wir zum Festival gehen!"

Mama lächelt. "Jetzt bist du gelassen und neugierig. Vorher hast du dich wie ein Tornado gedreht. Ich bin froh, dass du deinen gesunden Menschenverstand benutzt hast.

Wir beide haben eine neue Art, über das Aufgewühltsein zu sprechen. Von nun an können wir uns gegenseitig helfen. Jetzt bin ich neugierig, was es auf dem Festival zu sehen gibt. Lass uns gehen und es genießen!"

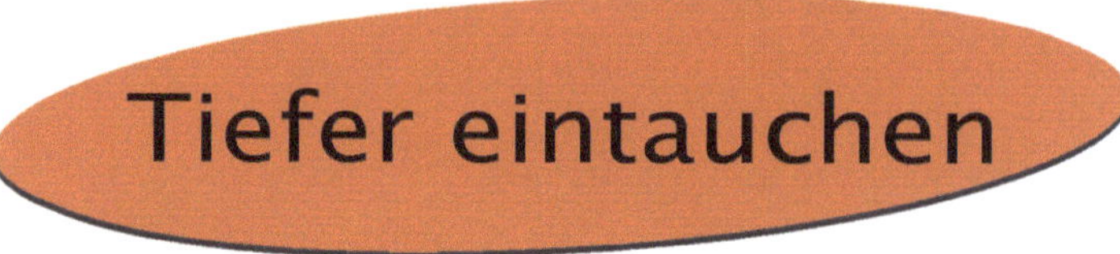

Mach mit

Wie wäre der Tag verlaufen, wenn Alina weiterhin wie ein Tornado gedacht hätte?

Wenn Alina gelassen und neugierig ist, was macht sie dann?

Was ist das Wichtigste, was Alinas Mama hofft, dass du aus der Geschichte lernst?

Verbinde, was du weißt

"Das Beste ist, wenn du deine Energie einsetzt, um zu helfen."

Wie hast du schon zu Hause oder in der Schule geholfen? Wie fühlt es sich an, hilfreich zu sein?

Staune

Sei neugierig! Erforsche diese hilfreichen Punkte:

Ich kann erkennen, dass ich schnell und wild denke. Ich kann mich entscheiden, es loszulassen. Ich kann gelassen und neugierig sein.

Zeige, dass du verstehst

Denke an eine Zeit, in der du die Wahl getroffen hast, die Gedanken loszulassen und gelassen und neugierig warst. Schreibe oder zeichne in dein Tagebuch. Du kannst Sätze machen, eine Zeichnung, oder deine eigene Idee verwenden.

Aufgaben

Erschaffe große, helle und schöne Kunst
Zeichne ein Bild von deinem eigenen Gesicht auf die untere Hälfte der Seite. Auf der oberen Hälfte zeichnest du zwei große Gedankenblasen. In die eine Blase zeichnest du schnelles und wildes Denken. In der anderen zeige gelassenes und neugieriges Denken.

Teile dein Bild zuerst mit der Gruppe. Dann stellst du es aus, damit andere es sehen können.

Spiele und habe Spaß: Gedanken und Gefühle verändern sich
Hast du bemerkt, dass sich deine Gedanken verändern können? Du kannst von schnell und wild zu gelassen und neugierig wechseln. Das Wetter ändert sich auch. Manchmal ist das Wetter wild wie ein Tornado und manchmal ist es ruhig und still.

Lege diese Bilder vom Wetter in der Turnhalle aus: bewölkt, regnerisch, verschneit, sonnig und stürmisch. Alle beginnen in der Mitte. Der Leiter ruft jeweils eine Wetterart aus. Du wählst aus, wie du dich bewegst, um zu dem Bild zu gelangen: hüpfen, springen, laufen oder auf Zehenspitzen gehen. Spielt Musik und habt Spaß!

Hast du bemerkt, dass sich deine Gedanken wie das Wetter verändern können? Wie fühlt es sich an, wenn deine Gedanken von stürmisch zu gelassen wechseln?

Tolle Wörter

Dies sind sehr gute Wörter, die man kennen und benutzen sollte.

aufgedreht – sehr aufgeregt sein, zu aktiv
Energie – Kraft
Festival – Feier, Jahrmarkt
Tornado – Wirbelsturm, wie in "wirbel Gedanken"
von allein – auf eine natürliche Weise
wählen – aussuchen
wild – stürmisch, wie in "viel zu viel denken"

5. Freundschaft genießen

Du und dein Freund schaut euch denselben Sonnenuntergang an.
Ihr denkt eure eigenen Gedanken.
Jeder von euch sieht den Sonnenuntergang auf seine eigene Weise.
Das ist natürlich.

Kapitel 5

Freundschaft genießen

Komm mit!

In Kapitel 4 hast du gelernt, dass du wählen kannst, ob du schnell und wütend oder gelassen und neugierig sein willst. In Kapitel 5 entdecke, dass du Freundschaft genießen kannst.

Lass' uns etwas Neues lernen:

Freunde haben unterschiedliche Ideen.

Mein inneres Wissen hilft mir, meinem Freund zuzuhören.

Wir können beide einen Sinneswandel haben.

Luis' und Finns' Geschichte

Luis und Finn haben Glück! Sie lernten sich in der Schule kennen. Auf dem Spielplatz wurden sie gute Freunde. Luis wollte, dass Finn bei ihm zu Hause übernachtet. Ihre Eltern stimmten zu. Die Jungs waren aufgeregt!

Finn war voll von Ideen für die Übernachtung. Er erzählte seinen Eltern: "Wir werden die ganze Nacht in Luis' Haus mein neues Spiel spielen. Wir können eine Raumstation bauen. Ich werde auch mein Witzebuch mitnehmen."

Nach dem Abendbrot fuhr Papa Finn zu Luis' Haus. Finn läutete an der Tür. Luis kam an die Tür. Er war ganz aus der Puste.

Luis sagte: "Papa und ich bauen das Zelt im Wald hinter dem Haus auf. Wir können Taschenlampen-Fangen spielen und komische Snacks essen wie gebratene Heuschrecken. Wir werden die ganze Nacht Gruselgeschichten erzählen. Komm rein!"

Finn stand unter Schock. Sein Gesicht wurde rot. "Das hört sich nicht nach Spaß an. Heuschrecken zu essen ist komisch. Ich gehe nach Hause!"

Sofort drehte er sich um und rannte zurück zum Auto. Finn war wütend. Er wollte nicht bleiben!

Finn sagte: "Fahr schnell weg! Luis' Pläne sind so schlecht. Ich kann nicht im Wald schlafen. Da draußen könnte ein Wolf sein. Luis hat mich nicht einmal gefragt, was ich machen will."

Papa saß einfach nur da. Er ließ Finn reden, fuhr aber nicht weg. Papa sagte nichts. Er überließ es einfach Finn, sich zu entscheiden.

Finn hatte viele Gedanken. "Ich weiß, dass es im Wald gruselige Dinge geben muss. Ich kann keine Heuschrecken essen. Von denen bekomme ich eine Gänsehaut! Ich wollte unbedingt mein neues Spiel auf Luis' Großbildfernseher spielen. Ich mag ihn sehr."

Die machen mir Gänsehaut!

Papa bemerkte, dass Finn sich in seinem Sitz zurücklehnte. Papa sagte: "Sei einfach mal ein bisschen still. Das ist wie das Warten darauf, dass die Ampel von rot auf grün wechselt. Die besten Ideen kommen, wenn du ruhig bist."

Papa erklärte: "Es ist normal, dass Freunde unterschiedliche Ideen haben. Ihr könnt euch gegenseitig zuhören. Euer inneres Wissen hilft euch dabei. Es ist ganz normal, dass jeder von euch vielleicht entscheidet, die Dinge ein wenig zu verändern."

Finn sagte: "Wir könnten wirklich Spaß mit meinem neuen Spiel haben. Ich weiß, dass Luis nur wollte, dass wir eine gute Zeit haben."

"Wie sieht es aus, Kumpel? Willst du ein paar Minuten mit Luis reden?", fragte Papa.

Finn hatte einen Sinneswandel. Er sagte: "Also, jetzt will ich irgendwie mehr bleiben, als nach Hause zu gehen. Also, okay, dann werde ich wohl noch einmal klingeln. Fahr nicht weg!"

Drinnen drängte Luis' Mutter ihren Sohn, die Sache mit Finn zu klären. Luis war den Tränen nahe und so unglücklich. Er wollte einfach nur einen lustigen Abend mit Finn haben. Luis öffnete vorsichtig die Tür, um zum Auto zu gehen. Finn stand bereits da und klingelte.

Sie waren beide überrascht und grinsten. "Luis, könnten wir einen anderen Plan machen? Vielleicht können wir ein anderes Mal ins Zelt gehen." Luis nickte. Finn winkte Papa zu, dass er seine Taschen reinbringen sollte.

Finn sah sich noch schnell im Wald um, bevor sie ins Haus gingen. Luis war wirklich gut in Finns Spiel.

Luis holte alle seine komischen Snacks heraus.

Überraschung! Am nächsten Morgen baten sie um eine weitere Nacht, damit sie im Zelt schlafen konnten. Beide Jungs nutzten den gesunden Menschenverstand, um einen Sinneswandel zu haben. Sie genießen ihre Freundschaft!

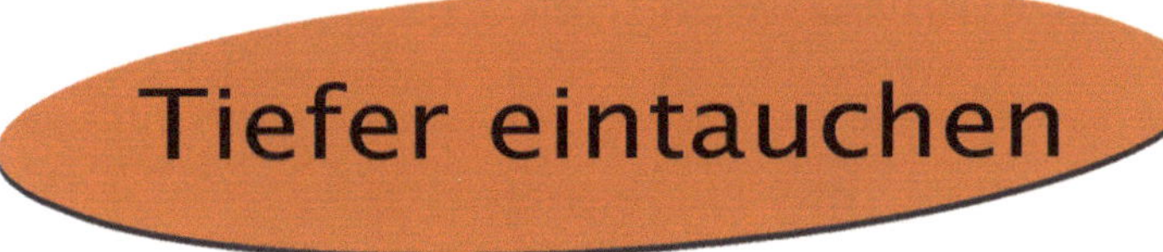

Mach mit

Haben sie echte frittierte Heuschrecken gegessen?
Was hat Finns Sinneswandel mit den Übernachtungsplänen zu tun?
Was glaubst du, wollen die Jungs, dass du von dieser Geschichte in Erinnerung behältst?

Verbinde, was du weißt

"Sei einfach mal ein bisschen still. Es ist wie das Warten darauf, dass die Ampel von rot auf grün wechselt. Die besten Ideen kommen, wenn du ruhig bist."

Denke an eine Zeit, in der du das getan hast.

Staune

Sei neugierig! Erforsche diese hilfreichen Punkte:
Freunde haben unterschiedliche Vorstellungen. Mein inneres Wissen hilft mir, auf meinen Freund zu hören. Wir können beide einen Sinneswandel haben.

Schreibwerkstatt

Wechselt euch ab beim Interview

Befragt euch gegenseitig. Erinnere dich daran, als du mit einem neuen Freund Pläne gemacht hast und ihr beide Spaß hattet.

Du kannst gelassen und neugierig sein, um zu erfahren, welche Ideen ihr beide hattet. Wie habt ihr entschieden, was ihr spielen wollt? Was hat euch am besten gefallen?

Freundschaften schließen und bewahren

Jede Geschichte hat einen Anfang, eine Mitte und ein Ende. Nutze dein inneres Wissen, um Freundschaften zu schließen und zu erhalten. Schreibe eine Geschichte über eine Zeit, in der du Pläne mit einem Freund gemacht hast, aber jeder von euch hatte seine eigenen Ideen.

Mit welchen unterschiedlichen Ideen habt ihr angefangen? Wie hat jeder von euch darüber gedacht?
Habt ihr es euch anders überlegt, sodass ihr beide Spaß hattet? Was hat euch beiden am besten gefallen?

Schreib einen Entwurf. Verwende einige der tollen Wörter, die du gelernt hast. Hol dir Hilfe beim Bearbeiten. Mache eine gute Kopie deines Textes. Füge ein großes, helles und schönes Bild hinzu.

Lies deine Geschichte laut vor. Füge deine Geschichte in das Klassenbuch "Freundschaften schließen und erhalten" ein.

Zwei Sterne und ein Wunsch

Lies dir deine Geschichte noch einmal durch. Nenne zwei Dinge, die du gut gemacht hast. Nenne eine Sache, die du in deiner nächsten Geschichte verbessern wirst.

Aufgaben

Erschaffe große, helle und schöne Kunst
Zeichne und male, wie du denkst, dass gebratene Heuschrecken aussehen.
Halte es geheim. Wenn du fertig bist, vergleiche dein Bild mit den Bildern der
anderen.

Warum ist jedes Bild anders?

Spiele und habe Spaß: Gedanken ändern sich wie Ampeln
Jemand ist "Es". Derjenige/Diejenige steht mit dem Rücken zur Gruppe. Die
Gruppe ist auf der anderen Seite der Halle. Wenn "Es" "grünes Licht" sagt,
rennen alle, um "Es" zu berühren. Wenn "Es" "rotes Licht" sagt, bleiben alle
stehen. Wenn "Es" sich umdreht, wenn es "rotes Licht" sagt und jemanden
rennen sieht, ist diese Person raus.

Wiederhole das, bis alle raus sind, oder "Es" markiert wurde. Wer "Es"
markiert, wird "Es"!

Wie hat es sich angefühlt, eine Sache zu tun und schnell etwas anderes zu
tun? Was hat dir geholfen, die schnellen Anweisungen zu befolgen?

Tolle Wörter

Dies sind sehr gute Wörter, die man kennen und benutzen sollte.

einzigartig – einmalig
entscheiden – wählen
Gänsehaut – eklige, ängstliche Gefühle
seltsam – merkwürdig, komisch
Sinneswandel – eine Veränderung im Denken und Fühlen
sofort – unmittelbar

6. Heute gut drauf sein

Mein Denken erzeugt mein Fühlen. So sieht meine Welt für mich aus.
Ich höre auf mein inneres Wissen, um Einsichten zu gewinnen.
Es ist natürlich, gut drauf zu sein!

Kapitel 6

Heute gut drauf sein

Komm mit!

In Kapitel 5 hast du gelernt, dass du Freundschaft genießen kannst. In Kapitel 6 erkundest du, heute gut drauf zu sein.

> **Lass' uns etwas Neues lernen:**
>
> Ich kann zu viel Denken haben.
>
> Ich kann in einem Gedanken steckenbleiben.
>
> Ich bin gut drauf mit dem richtigen Denken.

Maries Geschichte

Marie ist aufgeregt! Sie geht auf eine Reise, um ihre Cousine Lina zu besuchen.

Marie liebt ihre Cousine. Marie wird ihren achten Geburtstag feiern, während sie dort ist. Sie und Lina teilen sich das gleiche Geburtsdatum. Dieses Jahr wird Lina genau dreimal so alt wie Marie!

Lina ist jetzt erwachsen und es macht so viel Spaß, mit ihr zu reden. Sie hat immer gute Ideen für Unternehmungen. Sobald Marie angekommen war, hatte Lina die Idee, mit dem Fahrrad in den Park zu fahren.

Viele Kinder spielten im Park. Marie blieb ganz nah bei ihrer Cousine. Lina setzte sich auf eine Parkbank.

"Geh und hab Spaß. Ich werde auf dich aufpassen", sagte Lina.

"Was ist, wenn niemand mit mir reden will? Was, wenn niemand mit mir spielt? Was, wenn sie denken, ich gehöre nicht hierher? Was ist, wenn sie gemein zu mir sind? Oh je! Was, wenn...", sagte Marie.

Lina hielt sie auf. "Wow! Du kannst zu viel denken!"

"Ich werde so traurig sein, wenn sie mich nicht mögen. Was, wenn sie mich nicht mögen? Ich hätte zu Hause bleiben sollen, wo ich gemocht werde!" Marie stöhnte.

"Marie, du kannst in einem Gedanken steckenbleiben! Komm, setz dich zu mir." Lina klopfte auf die Bank. "Du kennst doch die Goldlöckchen-Geschichte, oder?"

"Was ist damit?", fragte Marie.

Lina erklärte: "Goldlöckchen stellte fest, dass die Schüsseln mit Brei zu heiß, zu kalt oder genau richtig waren. Sie fand, die Stühle waren zu hart, zu weich und dann genau richtig. So ähnlich ist es auch für uns im echten Leben mit unserem Denken. Wir können ein Denken haben, das genau richtig ist."

Lina sagte: "Zu viel Denken ist schnell und wild wie ein Tornado. Es ist schwer zu wissen, was man tun soll. Das führt nie zu Spaß!

Zu wenig Denken ist das Steckenbleiben in einem Gedanken. Das führt auch nicht zu Spaß!

Gut drauf bist du mit dem richtigen Denken. Wenn du gut drauf bist, hörst du auf dein inneres Wissen. Es ist leicht, hilfreiche neue Ideen zu erkennen. Diese werden Einsichten genannt. Das führt ganz natürlich zu Spaß!"

"Okay, was jetzt?", fragte Marie.

"Also, lass uns noch ein bisschen warten. Eine Einsicht kann dir helfen. Ich denke, du wirst wissen, was du tun möchtest", sagte Lina. Sie saßen beide still da und beobachteten die Kinder einfach.

"Ich liebe die Klettergerüste", sagte Marie schließlich. "Wir haben letztes Jahr im Turnunterricht viel geklettert und balanciert."

"Das wundert mich nicht! Ich habe dich springen sehen wie ein Affe. Ich denke daran, wie du auf das Bett meiner Eltern gesprungen bist, als du letztes Jahr hier warst. Wir haben so viel gelacht!"

"Oh ja! Tantchen wurde sogar wütend auf dich! Sie sagte, du hättest mich aufhalten sollen."

"Das war eine lustige Geburtstagsparty! Weißt du schon, was du heute machen willst?", fragte Lina.

"Oh, ich hatte gerade eine Einsicht! Ich werde mit dem anfangen, was ich liebe. Ich möchte, dass du mir zuschaust. Ich bin jetzt wirklich gut auf dem Klettergerüst!"

Marie begann auf die Stangen zu klettern. Sie hatte Spaß daran, kopfüber zu hängen und ausgefallene Balanceübungen zu machen. Lina feuerte sie an. Schon bald beobachteten andere Kinder Marie. Sie kamen näher und baten Marie, ihnen ihre besten Kunststücke zu zeigen.

Lina konnte sehen, dass ihre Cousine jetzt Spaß hatte. Es gab nichts, was Marie dafür getan hatte. Es war natürlich. Sie hatten nur über das Herumhüpfen auf dem Bett gelacht. Marie fühlte sich großartig. Sie war gut drauf!

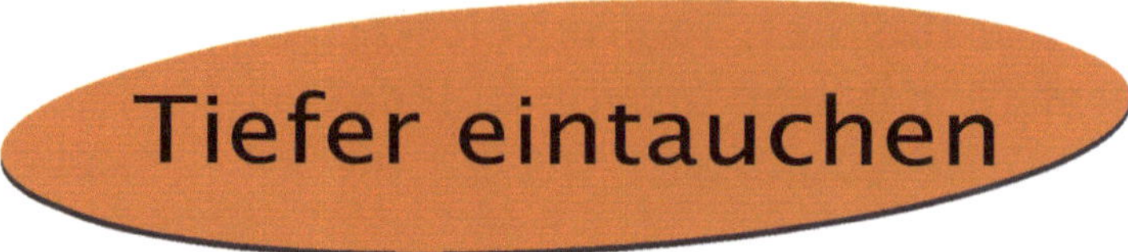

Mach mit

Marie hat zu viel nachgedacht, als sie im Park ankam. Was passiert, wenn du zu viel denkst?

Wie fühlt sich Marie am Ende der Geschichte? Beschreibe, wie du gut drauf warst, als du mal in einem Park warst.

Was möchte Lina, dass du von dieser Geschichte in Erinnerung behältst?

Verbinde, was du weißt

"Du bist gut drauf, wenn du einfach richtiges Denken hast. Wenn du gut drauf bist, hörst du auf dein inneres Wissen. Es ist leicht, hilfreiche neue Ideen zu erkennen. Diese werden Einsichten genannt."

Beschreibe eine Zeit, in der du eine hilfreiche Einsicht hattest.

Staune

Sei neugierig! Erforsche diese hilfreichen Punkte:
Ich kann zu viele Gedanken haben.
Ich kann in einem Gedanken steckenbleiben.
Ich bin gut drauf mit richtigem Denken.

Schreibwerkstatt

Schreibe ein Gedicht darüber, was du gelernt hast
Erstelle ein Gedicht mit einem dieser Titel: "Mein inneres Wissen", "Mein gesunder Menschenverstand", "Meine Weisheit" oder verwende etwas anderes, das du gelernt hast.

Denke über die Form, das Muster, das Gefühl und die Bilder des Gedichts nach. Schreibe einen Entwurf. Verwende einige der tollen Wörter, die du gelernt hast.
Hol dir Hilfe beim Bearbeiten. Mache eine gute Kopie deines Textes. Füge ein großes, helles und schönes Bild hinzu.
Nimm dein Gedicht in euer Klassengedichtbuch auf und füge es der Klassenbibliothek hinzu.

Schreibe ein Gedicht über dein Leben
Hier sind einige Dinge, aus denen du wählen kannst:

Worüber du nachdenkst ...
Wovon du träumst ...
Was dir sehr am Herzen liegt ...
Was deine Vorstellung von Glück ist ...
Welche starken Gefühle du hast ...

Gib deinem Gedicht einen Titel.
Schreibe einen Entwurf. Verwende einige der gelernten tollen Wörter. Hol dir Hilfe beim Bearbeiten. Mache eine gute Kopie von deinem Text. Füge ein großes, helles und schönes Bild hinzu.
Nimm dein Gedicht in euer Klassengedichtbuch auf und füge es der Klassenbibliothek hinzu.

Zwei Sterne und ein Wunsch
Lies eines deiner Gedichte noch einmal. Nenne zwei Dinge, die du gut gemacht hast und etwas, das du in deinem nächsten Gedicht verbessern wirst.

Poesie–Café

Plane ein lustiges Poesie–Café, um Gedichte für eine Gruppe vorzutragen.
Welches Gedicht wird jede Person vortragen? Wer wird zuerst sprechen?
Wirst du ein Mikrofon benutzen? Wen wirst du einladen?
Werdet ihr Dekorationen und Snacks anbieten?
Werden die Gäste aufschreiben können, was ihnen gefallen hat?

Habt Spaß! Nehmt euch Zeit, damit jeder sagen kann, wie es sich angefühlt
hat, sein Gedicht vorzutragen.

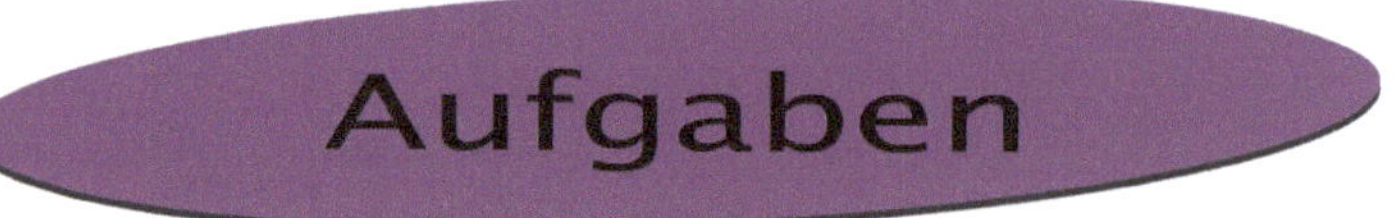

Erschaffe große, helle und schöne Kunst

Erstelle eine herzförmige Karte mit den Menschen und Dingen, die du liebst.
Wie fühlst du dich beim Erstellen deiner Karte?

Spiele und habe Spaß: Wähle, was sich richtig anfühlt

Spiele auf dem Spielplatz. Beachte all die verschiedenen Spielmöglichkeiten.
Kinder wählen, was sich richtig anfühlt. Folge deinem inneren Wissen. Finde
das, was sich für dich richtig anfühlt und hab' Spaß!

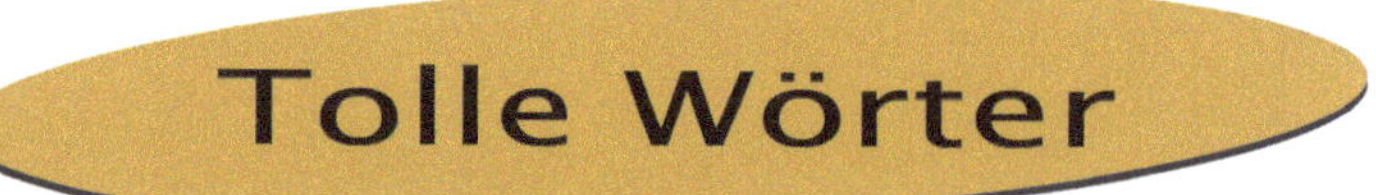

Dies sind sehr gute Worte, die man kennen und benutzen sollte.

feststecken – eingeklemmt, unbeweglich sein
träumen – ausdenken, sich vorstellen
Wahl – wählen, aussuchen

7. Andere sehen und ihnen helfen

Ich fühle mich gut. Ich sehe, wenn jemand Hilfe braucht.
Ich höre auf mein inneres Wissen und weiß,
wie ich Hilfe geben oder bekommen kann.
Es ist einfach zu bemerken. Es ist natürlich, es zu tun.

Kapitel 7

Andere sehen und ihnen helfen

Komm mit!

In Kapitel 6 hast du gelernt, dass es natürlich ist, gut drauf zu sein. In Kapitel 7 sei bereit zu entdecken, wie man andere sieht und ihnen hilft.

> **Lass' uns etwas Neues lernen:**
>
> Wenn ich gut drauf bin, ist mein Denken gelassen und neugierig.
>
> Ich bemerke, wenn jemand meine Hilfe benötigt.
>
> Mein inneres Wissen hilft mir zu sehen, was ich tun kann.

Moritz' und Niklas' Geschichte

Moritz ist die meiste Zeit gut drauf! Er und seine Klassenkameraden haben gelernt, auf ihr eigenes inneres Wissen zu hören. Auf Einsichten zu hören hilft jedem von ihnen zu wissen, was zu tun ist. Sie sind jetzt meistens gelassen und neugierig.

Es ist natürlich, nett, freundlich und hilfsbereit zu sein – in der Klasse, auf dem Spielplatz und zu Hause. Die Kinder finden, dass es leicht ist, sich um jemanden zu kümmern und zu teilen. Sie sehen, wenn jemand Hilfe braucht. Jeder braucht manchmal Hilfe.

Sich um jemanden zu kümmern und zu teilen ist einfach.

Moritz merkt, wenn er sich gutfühlt. Moritz kann auch bemerken, wenn er sich nicht gutfühlt. Er hört auf sein inneres Wissen. Schon bald fühlt er sich wieder glücklich. Moritz sagt, dass das für jeden gilt.

Moritz sieht, wenn jemand anderes ein wenig Hilfe braucht. Er beobachtet Niklas, der in der Nähe wohnt. Er ist zwei Jahre jünger als Moritz.

Sie lieben es beide, Fußball zu spielen. Fast jeden Tag kicken sie den Ball hin und her. Moritz spielt schon seit zwei Jahren in einer Mannschaft. Niklas fängt gerade erst an.

Zuerst war Niklas glücklich, dem Team beizutreten. Dann fragte er: "Was ist, wenn ich nicht so gut bin wie die anderen Kinder?" Moritz sieht, dass Niklas Hilfe braucht. Moritz hat eine Einsicht! Er bittet darum, bei Niklas' erstem Trainingsspiel dabei zu sein. Niklas sagt langsam: "Na ja, okay. Wenigstens weiß ich, dass du mein Freund bist."

Sie gehen zum Training. Moritz erklärt: "Als ich mit dem Fußball angefangen habe, habe ich nur zugeschaut und zugeschaut. Mein Vater sagte mir, dass man nur durch Üben besser wird. Ich war so verängstigt. Meine Beine waren irgendwie wie eingefroren, aber ich wusste, dass mein Vater recht hatte. Jetzt weiß ich, dass das Spielen viel mehr Spaß macht, als nur an die anderen Kinder zu denken!"

Spielen macht viel mehr Spaß!

"Du übst sehr viel. Jetzt bist du so gut. Dein Vater hat recht!", fügte Niklas hinzu.

Niklas schaute sich die erste Hälfte des Spiels an. Dann war er an der Reihe. "Die anderen neuen Kinder können das viel besser. Ich will nicht mitspielen!", flüsterte er deutlich hörbar zu Moritz.

Moritz sagte leise: "Warte einfach ein bisschen. Schau, wie du dich fühlst. Du wirst wissen, wie du spielen musst. Als ich in einem Team anfing, fiel ich ständig über den Ball. Ich lag mehr auf dem Rasen, als dass ich den Ball getreten habe!"

Niklas sah zu Boden und scharrte mit den Füßen. Er rannte zum Feld, gerade als das Spiel wieder begann. Die Spieler rannten das Feld auf und ab. Niklas machte einen tollen Pass, und sein Mitspieler schaffte einen Schuss aufs Tor!

Jetzt verteidigte Niklas. Der Spieler der gegnerischen Mannschaft machte zwei schnelle Spielzüge. Niklas fiel klatschend auf den Rasen! Der Spieler schoss ein Tor. Niklas' Gesicht lief rot an. Er wollte unbedingt vom Feld gehen.

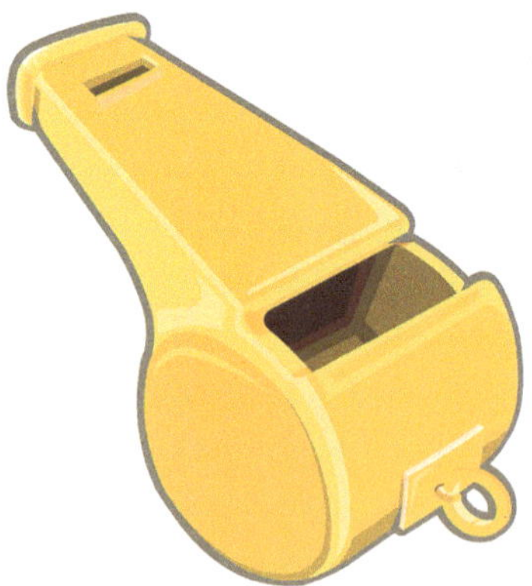

Als der Pfiff ertönte, rannte er zu Moritz hinüber. "Hast du mich gesehen? Ich kann das nicht!"

Moritz sah Niklas an: "Na ja, es fühlt sich vielleicht schlecht an, wenn man im Spiel geschlagen wird. Ich habe gesehen, dass du darüber hinwegkommst, wenn wir im Park spielen.

Du kannst es auch auf dem Fußballplatz machen."

Niklas stockte der Atem. "Du willst, dass ich einfach darüber hinwegkomme?" Moritz fügte hinzu: "Das liegt an dir. Ich weiß, dass Fußball Spaß macht!"

"Naja, ich will wirklich spielen", entgegnete Niklas.

"Du musst nicht im Spiel bleiben. Wenn du aber im Spiel bleibst, dann fühl dich gut dabei! Dann spielst du am Besten", sagte Moritz.

Nach dem Spiel gingen sie nach Hause. Moritz sagte zu Niklas: "Dein Pass zum Stürmer war genial! Er hat wegen dir einen Torschuss machen können." Niklas sah zu Moritz auf und lächelte.

Moritz sagte zu Niklas: "Mein Vater sagt, wir können üben und ein guter Teamspieler werden! Manchmal rege ich mich immer noch auf wie ein Tornado. Ich komme darüber hinweg und fühle mich wieder gut. Ich mag es wirklich, in einer Fußballmannschaft zu sein. Willst du also morgen mit mir trainieren?"

Niklas machte ein zerknirschtes Gesicht. "Ja, ich will besser werden! Und ich mag es, mit dir zu trainieren. Ja!"

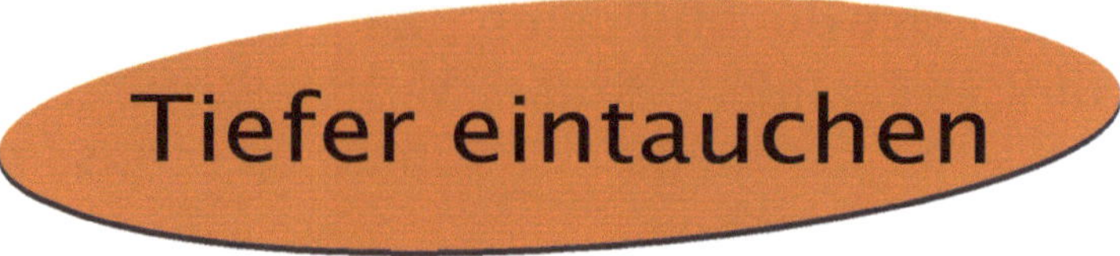

Mach mit

Niklas denkt nur an seinen Fehlpass. Wie fühlt er sich? Wie fühlt sich Niklas, wenn er an seinen genialen Pass denkt? Wird Niklas in der Mannschaft bleiben oder aufgeben?

Was hofft Moritz, dass du aus dieser Geschichte lernen wirst?

Verbinde, was du weißt

"Es ist natürlich, nett, freundlich und hilfsbereit zu sein – im Unterricht, auf dem Spielplatz und zu Hause. Den Schülern fällt es leicht, sich um andere zu kümmern und zu teilen."

Was weißt du über Fürsorge und Teilen?

Staune

Sei neugierig! Erforsche diese hilfreichen Punkte:

Wenn ich gut drauf bin, ist mein Denken gelassen und neugierig. Ich merke, wenn jemand meine Hilfe braucht. Mein inneres Wissen hilft mir zu erkennen, was zu tun ist.

Schreibwerkstatt

Mein Geschichtenbuch

Du hast eine wertvolle Geschichte zu erzählen. Schreibe deine Geschichte von Zugehörigkeit, Lernen, Tun und Helfen.

Schreibe einen Entwurf für jeden Teil. Verwende einige der tollen Wörter, die du gelernt hast. Hol dir Hilfe beim Bearbeiten. Mache eine gute Kopie deines Textes.

Füge zu jedem Teil ein großes, helles und schönes Bild hinzu.

Titelseite: Füge den Titel, ein Bild und deinen Namen hinzu.

Innenteil

Teil 1: Zugehörigkeit

Schreibe darüber, zu einer Gruppe zu gehören. Was magst du daran?

Teil 2: Lernen oder Erforschen

Schreibe über das Lernen oder Erforschen. Was magst du daran?

Teil 3: Erschaffen oder Tun

Schreibe darüber, dass du etwas selbst erschaffen oder getan hast. Was gefällt dir daran?

Teil 4: Andere sehen und ihnen helfen

Schreibe über eine Zeit, in der du eine Person gesehen hast, die Hilfe brauchte. Hast du der Person Hilfe gegeben oder Hilfe geholt? Was magst du am Helfen?

Zwei Sterne und ein Wunsch

Lies dir deine Geschichte noch einmal durch. Nenne zwei Dinge, die du gut gemacht hast. Nenne eine Sache, die du in deiner nächsten Geschichte verbessern wirst.

Mein Geschichtenbuch – Kreis des Teilens
Welche Seite des Geschichtenbuchs wird jede Person in der Gruppe wählen, um zu lesen? Wer wird zuerst lesen?

Die Lernenden sagen eine Sache, die ihnen an jeder Geschichte gefallen hat. Habt Spaß und genießt die Geschichten der anderen!
Lege dein Buch zu den anderen, die in der Schreibwerkstatt entstanden sind.

Aufgaben

Spiele und habe Spaß: Seht und helft einander
Fußball: Spiele fair und wechsle dich beim Fußballspielen oder einer anderen Sportart ab.
Sandkasten: Spielt zusammen in einem Sandkasten und erschafft, was immer ihr euch vorstellt.
Ball: Mit einem Partner hältst du einen Ball so lange wie möglich in der Luft.

Wie habt ihr euch beim Spielen gegenseitig geholfen? Wie hat sich das Helfen angefühlt?

Tolle Wörter

Das sind sehr gute Wörter, die man kennen und benutzen sollte.

fühlt sehen – verstehen, bemerken
scharren – die Füße bewegen, während man sich unwohl
üben – durchgehen, vorbereiten
verteidigen – das Ziel beschützen
zerknirscht – zerfurcht, angestrengt
Zugehörigkeit – dazugehören, einbezogen sein

8. Mich selbst erkennen

Lieber Teilnehmer, liebe Teilnehmerin

Höre weiter auf dein inneres Wissen! Du wirst wissen, wann du gut drauf bist. Lass' dich von deinen Gefühlen leiten. Denke daran, gelassen und neugierig zu sein.

Wisse, dass Freunde und Freundinnen andere Ideen haben können. Zuhören bringt einen Sinneswandel. Richtiges Denken macht es leicht, freundlich, nett und hilfsbereit zu sein.

Dein inneres Wissen ist immer anwesend. Mit dieser Weisheit kannst du als glücklicher Mensch durch das Leben gehen.

Danke, dass du auf diese Lernreise gekommen bist! Gute Reise!

Kapitel 8

Mich selbst erkennen

Praktische Erinnerungen

Schaue jeweils ein paar Kapitel nochmals durch. Jedes Mal, wenn du dies tust, sage, was dir wichtig ist. Bemerke deine neuen Ideen.

Kapitel 1: Mein inneres Wissen entdecken
Du hast ein inneres Wissen. Es ist Weisheit und gesunder Menschenverstand. Jeder hat dieses Wissen in sich. Suche einfach nach dem Gefühl. Du kannst deinem Wissen vertrauen. Es zeigt dir den richtigen Weg.

Kapitel 2: Meine Gefühle kommen vom Denken
Meine Gedanken erschaffen mein Gefühl. Alle meine Gefühle kommen von Gedanken. Ich lasse unerwünschte Gedanken vorbeiziehen, und das Wohlbefinden ist anwesend.

Kapitel 3: Das Glück in mir
Ich höre auf mein inneres Wissen. Hilfreiche Gedanken tauchen auf. Mein gutes Gefühl ist wieder anwesend.

Kapitel 4: Schnell und wütend oder gelassen und neugierig
Ich kann sehen, dass ich schnell und wütend denke. Ich kann mich entscheiden, es loszulassen. Ich kann gelassen und neugierig sein.

Kapitel 5: Freundschaft genießen
Freunde haben unterschiedliche Vorstellungen. Mein inneres Wissen hilft mir, meinem Freund zuzuhören. Wir können beide einen Sinneswandel haben.

Kapitel 6: Heute gut drauf sein

Ich kann zu viel denken. Ich kann in einem Gedanken steckenbleiben. Mir geht es gut, wenn ich gerade richtig denke.

Kapitel 7: Andere sehen und ihnen helfen

Wenn ich gut drauf bin, ist mein Denken gelassen und neugierig. Ich merke, wenn jemand meine Hilfe braucht. Mein inneres Wissen hilft mir zu erkennen, was zu tun ist.

Meine Zugehörigkeits-Landkarte

Bitte einen Erwachsenen um Hilfe, während du deine "Zugehörigkeits-Landkarte" erstellst. Zeichne einen Kreis mit deinem Namen in der Mitte. Vertraue darauf, dass deine Weisheit hilfreich und immer anwesend ist. Manchmal brauchst du vielleicht Hilfe von Menschen, die du kennst.

Wen könntest du fragen? Denke an ein Familienmitglied, einen Freund, einen Klassenkameraden, einen Lehrer oder jemanden aus deiner Gemeinde. Schreibe diese Namen in den Kreis.

Mein Traum

Wovon träumst du, was du tun oder wie du sein wirst? Schreibe oder zeichne über diesen Traum in dein Tagebuch. Sprich darüber mit einem Erwachsenen, mit dem du gerne zusammen bist.

Mein persönliches Plakat

Wie denkst du gerne über dich? Erstelle ein Plakat.

Schreibe oben auf die Seite: Mein Name ist ... und ich bin innerlich weise. Dann kopiere und ergänze diesen Satz, indem du weitere Wörter hinzufügst: Ich bin auch ...

Benutze so viele Wörter, wie du möchtest. Einige könnten sein:

bedacht	gesund	mutig
dankbar	glücklich	nett
gelassen	hilfreich	sanft
freudvoll	höflich	schlau
freundlich	hoffnungsvoll	sicher
friedlich	kooperativ	spaßig
fröhlich	kreativ	stark
fürsorglich	lebendig	talentiert
gebend	liebend	verständnisvoll
geduldig	loyal	vertrauensvoll

Unter deinen Sätzen zeichne ein großes, helles und schönes Bild.
Erschaffe etwas, das nur für dich steht.
Teile dein Plakat mit der Gruppe. Stelle dein Kunstwerk aus,
damit andere sich daran erfreuen können!

Wir alle haben dieses Wissen!

Eines Tages wirst du bereit sein, eines Tages wirst du fliegen. Du wirst wissen wann, und du wirst wissen wie! Höre einfach in dich hinein. Wir alle haben dieses Wissen!

Alles Liebe,
Hooty und Peep

Kapitel 9

Tolle Wörter

Erkenne den Sinn dieser Wörter. Dies sind sehr gute Wörter, die man kennen und benutzen sollte.

A

Angsthase – eine Person, die ängstlich, schüchtern, zurückhaltend ist
anwesend – bei dir sein, aufmerksam sein, wach sein
aufgedreht – sehr aufgeregt sein, zu aktiv
aufgeregt – besorgt, beunruhigt, unsicher
auftauchen – erscheinen, wie in "eine Einsicht haben"

B

bemerken – sehen, mitbekommen
besorgt – aufgebracht, verängstigt, beunruhigt

E

Einsicht – hilfreiche neue Erkenntnis
einzigartig – einmalig
Energie – Kraft
entscheiden – wählen
entspannen – sich ruhig und gelassen fühlen
erschaffen – machen, kreieren

F

Festival – Feier, Jahrmarkt
feststecken – eingeklemmt, unbeweglich sein, nicht weiterkommen
freundlich – nett, sympathisch
Freundschaft – eine Verbindung zwischen Freunden

G
Gänsehaut – unangenehme, ängstliche Gefühle
Gedanken – meine Kraft, zu denken, Ideen zu erschaffen
Gefühle – Gedanken in Aktion, passieren in dir
gelassen – friedlich, ruhig, entspannt
genau – total, richtig, das Gleiche
gesunder Menschenverstand – deine Kraft, weise, gute Entscheidungen
    zu treffen
Glück – glücklich sein, freudig, zufrieden
glücklich – sich froh fühlen
gut drauf sein – sich gut fühlen, gute Stimmung haben

H
hilfreich – nützlich

K
kostbar – wertvoll, sehr wichtig

L
lieben – jemanden sehr gern haben, egal was passiert

M
mein inneres Wissen – meine Weisheit, gesunder Menschenverstand, Einsicht

N
natürlich – echt, wie in "du selbst sein"
nett – fürsorglich, hilfreich
neugierig – interessiert
nicht hilfreich – nicht nützlich

S
scharren (mit den Füßen) – sich unruhig bewegen, sich unwohl fühlen
schnippisch – mit Wut sprechen
sehen – verstehen, wahrnehmen, bemerken
seltsam – komisch, ungewohnt

sicher – gutfühlen, wohlfühlen, entspannt sein
Sinneswandel – eine Veränderung im Denken und Fühlen
Sinn machen – eine Bedeutung finden, etwas herausfinden
sofort – unmittelbar
Sorge – beunruhigt sein, sich ängstlich fühlen

T
toll – sehr gut, ausgezeichnet
Tornado – Wirbelsturm, wie in "wirbelnde Gedanken"
träumen – ausdenken, sich vorstellen

U
Üben – durchgehen, vorbereiten
Unfreundlich – gemein, verletzend

V
verstehen – Wissen, die Bedeutung erkennen
verteidigen – das Ziel beschützen
von allein – auf eine natürliche Weise
Vorstellung – etwas in deinem Denken sehen

W
Wahl – wählen, aussuchen
wählen – aussuchen
weise – voller Einsichten
Weisheit – wissen, was wahr oder richtig ist
wild – stürmisch, wie in "viel zu viel denken"
Wissen – sicher sein, gewiss sein
Wohlbefinden – okay sein, gesund sein, sich wohlfühlen

Z
zerknirscht – zerfurcht, angestrengt
Zugehörigkeit – dazugehören, einbezogen sein
zuhören – tief zuhören, wie "mit dem Herzen hören"

**Überblick über Mein inneres Wissen (Originaltitel: My Guide Inside®)
Umfassendes Lehrprogramm Kontakt**: myguideinside.com

Mein inneres Wissen ist ein dreiteiliges, umfassendes, auf Geschichten basierendes Lehrprogramm für den primären und sekundären Bildungsbereich, das entwicklungsgerechte Themen in einem fortlaufenden Lernprozess während der gesamten Schullaufbahn abdeckt. Als Lehrer*in wählen Sie die Stufe von Mein inneres Wissen, die für Ihre Schüler*innen in Ihrem jeweiligen Schulsystem genau richtig ist: Buch I (4 – 8 Jahre), Buch II (9 – 13 Jahre) und Buch III (14 – 19 Jahre). Dies ermöglicht es Schulleiter*innen, einen kontinuierlichen Unterrichtsplan zu entwerfen, um den Schüler*innen die Drei Prinzipien durch die Klassenstufen zu vermitteln.

Mein inneres Wissen, Lernbuch I bietet Geschichten und Aktivitäten für den Erfolg
- Ideale Teilnahmestufe: Grundstufe (Alter 4–8)
- Lese-Niveau: "sehr leicht zu lesen" (Alter 6–8)
- Flexibilität: regulärer Kurs oder Anpassung bzw. Modifizierung an einzelne Lernende
- Einsatzbereich: Klassenzimmer, Kleingruppe oder Einzelperson
- Konzeption: schließt selbstständig arbeitende Lernende ein
- Idealer Zeitpunkt: zu Beginn eines Programms oder eines Schuljahres, um eine Gemeinschaft aufzubauen und Optimismus zu fördern

Zielsetzung von Lernbuch I:
Die in diesem Lernbuch besprochenen Prinzipien wirken in allen Menschen, auch in kleinen Kindern. Dieser Lehrplan ebnet den Weg zu Ganzheitlichkeit, Glück, Kreativität und Wohlbefinden in allen Bereichen des Lebens.

Daher hat MiW diese beiden global angemessenen akademischen Ziele: (1) **Persönliches Wohlbefinden mit einem Verständnis dieser Prinzipien zu verbessern, und (2) Kompetenzen in Kommunikation, Denken und persönlicher und sozialer Verantwortung zu entwickeln.** MiW erreicht beide Ziele durch den Einsatz von Geschichten, Diskussionen und verschiedenen schriftlichen und kreativen Aktivitäten, wobei das Lernen die Kompetenz Ihrer SchülerInnen in der deutschen Sprache und verschiedenen anderen Bereichen erhöht.

Die Entdeckung ihres inneren Wissens ist der Schlüssel zum Lernen, und es verbessert die Fähigkeit der Kinder, Entscheidungen zu treffen, sich im Leben zurechtzufinden und gesunde Beziehungen aufzubauen. Der Zugang zu dieser natürlichen Weisheit beeinflusst das Wohlergehen, das geistige Wohlbefinden, die persönliche und soziale Verantwortung und eine positive persönliche und kulturelle Identität. Sozial-emotionales Lernen, einschließlich Selbstbestimmung, Selbstregulierung und Selbstwirksamkeit, ist ebenfalls ein natürliches Ergebnis von größerem Gewahrsein. Dieses Verständnis maximiert das persönliche Wohlbefinden und verbessert das Schulklima, das Verhalten der Lernenden und die kognitiven Leistungen.

Lernen, Leben, Teilen: Das Gefühl, das ein*e MiW Lehrer*in jeden Tag in das Klassenzimmer mitbringt, der "essentielle Lehrplan", ist die größte Ressource, um direkt auf die Schüler*innen einzuwirken. Mit anderen Worten, das Lernen ermöglicht es der Lehrkraft, die Prinzipien zu leben, indem sie in einem natürlichen Zustand des Dienens ist, und somit in der Lage, Mitgefühl, Verständnis und Freude im Klassenzimmer zu teilen. Sobald eine Lehrerkraft so informell und natürlich ist, wird sie die Prinzipien durch ein positives Gefühl vermitteln. Dies wird jede formale Unterrichtsstunde, die sie mit den Schüler*innen teilt, verbessern und kraftvoller machen. Das eigene tiefe Verständnis und die Erfahrung der Lehrkraft mit diesen Prinzipien wird das Beste in allen Schüler*innen zum Vorschein bringen. Indem jede*r Lehrer*in die Prinzipien kontinuierlich lernt und lebt, wird die Weitergabe dieses Verständnisses an die Schüler*innen höchst effektiv.

Das Handbuch für Lehrer*innen für jedes Buch enthält Unterrichtspläne, Vor- und Nachbeurteilungen, Aktivitäten, Bewertungsskalen und weiterführende Materialien. Mit universellen Prinzipien ist dieser Lehrplan für den weltweiten Einsatz mit allen Lernenden konzipiert. Die Lehrplanrichtlinien aus Kanada, dem Vereinigten Königreich und den Vereinigten Staaten leiten dieses Werk. Alle Bücher sind erhältlich bei myguideinside.com.

My Guide Inside® Pre-K-12 Umfassendes Lehrprogramm

Campsall, C. with Marshall Emerson, K. (2018). *My Guide Inside, Learner Book I.*

Campsall, C. with Marshall Emerson, K. (2018). *My Guide Inside, Teacher's Manual, Book I.*

Campsall, C., Tucker, J. (2016). *My Guide Inside, Learner Book II.*

Campsall, C. with Marshall Emerson, K. (2017). *My Guide Inside, Teacher's Manual, Book II.*

Campsall, C. with Marshall Emerson, K. (2017). *My Guide Inside, Learner Book III.*

Campsall, C. with Marshall Emerson, K. (2017). *My Guide Inside, Teacher's Manual, Book III.*

Über die Autorinnen

Christa Campsall (rechts) ist eine Pionierin bei der Umsetzung der Drei Prinzipien in der schulischen Bildung. Seit 1975 ist dies die Grundlage ihrer Arbeit als Klassenlehrerin, Sonderschullehrerin und Vorsitzende eines Schulteams. Christa wurde von Sydney Banks angeleitet und erhielt von ihm die Zertifizierung zum Unterrichten der Drei Prinzipien. Sie hat einen BEd und DiplSpEd von der Universität von British Columbia und einen MA von der Royal Roads Universität.

Kathy Marshall Emerson (links), Gründungsdirektorin des National Resilience Resource Center, unterstützt langfristige prinzipienbasierte Trainings und Systemveränderungen in Schulgemeinschaften. Ihre kostenlose und weltweit verfügbare aufgezeichnete Webinar-Reihe "Educators Living in the Joy of Gratitude" (Pädagogen, die in der Freude der Dankbarkeit leben) zeigt die Ergebnisse von internationalen erfahrenen Pädagogen, die die Prinzipien seit bis zu vierzig Jahren in Klassenzimmern, Schulsystemen und Schülerdiensten anwenden. Sie hat einen MA von der Universität von Südkalifornien und ist Lehrbeauftragte an der Universität von Minnesota.

Was Lehrer über My Guide Inside® (deutscher Titel: Mein inneres Wissen) sagen

Ich mag die Geschichten von My Guide Inside und denke, dass Lehrer sie lesen und besprechen können. Ein konsistentes Vokabular von Klasse 3 an ist nützlich, damit die Kinder die Fähigkeiten, die sie von Klasse zu Klasse erlernen, weiterhin nutzen können, wenn sie von einem Lehrer zum nächsten wechseln. Es ist wirklich wunderbar, dass Sie dieses Programm zusammengestellt haben. Ich empfehle sehr, Ihr Programm in die Regelungsbereiche der Schulen für kleine Kinder aufzunehmen.

Linda Backerman, Grundschullehrerin
Vancouver, British Columbia, CA

Als Schulleiter (Rektor) seit über dreißig Jahren habe ich oft aus erster Hand die rastlosen Kämpfe miterlebt, die viele Kinder und Jugendliche erleben, während sie lernen, sich in ihrer eigenen Haut wohlzufühlen. Christas geradliniges, einfaches, aber tiefgründiges Lehrprogramm hilft Lehrern, die Jugend in eine andere Richtung zu lenken, zu unserem inneren Wissen, zu unserer Essenz, zu unserer Weisheit. Ich würde dieses Wissen den Lehrern als eine kraftvolle Quelle der Unterstützung empfehlen. Es hilft uns allen, uns daran zu erinnern, wer wir wirklich sind … reine Liebe.

Peter Anderson, Cert. Edn. Adv. Diplom (Cambridge)
Drei-Prinzipien-Moderator, Berater für Schulleiter, Essex, UK

Seit über zwölf Jahren bin ich Lehrerin an innerstädtischen Schulen in Baltimore, Miami und der Bronx. Indem ich das einfache Verständnis vermittle, dass Schüler*Innen in der Lage sind zu entscheiden, wie sie das Leben durch ihre Wahl von Gedanken erleben wollen, habe ich gesehen, wie aggressive Schüler*Innen zu FriedensstifterInnen wurden; wie schüchterne, unsichere Kinder zu selbstbewussten Führungspersönlichkeiten wurden; und wie das Niveau des Bewusstseins und der Empathie in einer ganzen Schule angehoben wurde. Ich bin begeistert, dass dieses Lehrprogramm von so vielen gesehen und erlebt werden wird! Dieses Verständnis hat die Kraft, die Bildung und die Schulerfahrung auf globaler Ebene zu verändern!

Christina G. Puccio, Mentorin Lehrerin/Coach
PS 536, Bronx, New York, USA

Dieses wunderschön zusammengestellte Lehrprogramm ist ein Muss für die Schulleitung, Lehrer*Innen und pädagogische MitarbeiterInnen. Es weist PädagogInnen und ihren Schüler*Innen den Weg zu einem natürlichen inneren Zustand des Wohlbefindens. Alle TeilnehmerInnen erhalten vielfältige Möglichkeiten, in einem Zustand der Freude zu lernen und auf ihren gesunden Menschenverstand und ihre angeborene Weisheit in allen Bereichen des Lebens zuzugreifen. My Guide Inside ist ein ganzheitlicher Ansatz, der die Essenz unseres Menschseins in den Mittelpunkt stellt.

Dean Rees-Evans, MSc-Lehrer, Forscher,
Mentor für Wohlbefinden Macksville, New South Wales, AU

Eltern und Lehrer werden dieses Material gleichermaßen als hilfreiches Hilfsmittel empfinden, wenn sie mit Kindern und Jugendlichen daran arbeiten, die Weisheit zu finden, die in jedem von ihnen steckt, und Strategien zu entwickeln, um Probleme mit Hilfe ihres eigenen besonderen Wissens zu lösen.

Kelda Logan Schulleiterin,
Salt Spring Island, British Columbia, CA

Diese authentischen Geschichten sind einfach, aber tiefgründig und haben die Fähigkeit, Schüler*Innen zu ihrem inneren Wissen zu führen.

Barb Aust, BEd, MEd Schulleiterin, Bildungsberaterin und Autorin,
Salt Spring Island, British Columbia, CA

www.ingramcontent.com/pod-product-compliance
Lightning Source LLC
Chambersburg PA
CBHW042114030726
47599CB00002B/206